NATIONAL GEOGRAPHIC

Peldaños

EN EL CINE

Lee para descubrir cómo ha cambiado la cinematografía con el tiempo.

Películas de fantasía

por Jennifer Boudart

Las películas nos transportan a mundos mágicos donde los animales hablan, fluyen ríos de chocolate y los dinosaurios mandan.

1939
El mago de Oz

Sabes que Dorothy y Toto están en Kansas por el color de la pantalla.

ARGUMENTO: El perro de Dorothy, Toto, muerde a su cruel vecina. Dorothy quiere escaparse ya que teme por Toto. Pero un tornado azota su casa y ella se desmaya. Dorothy se despierta en la fascinante tierra de Oz. Allí, Toto y ella conocen a personajes fantásticos con caras conocidas. Dorothy usa unos zapatos mágicos de rubí para volver a casa.

¡Un vistazo a la tierra de Oz le indicó a Dorothy que ya no estaba en Kansas! Los espectadores también lo supieron, gracias a una clave visual: ¡el color! Las escenas en Oz eran a todo color, pero las escenas en Kansas eran en tonos marrón sepia.

Para mostrar que Dorothy pasaba de Kansas a Oz, la casa de Dorothy se pintó en sepia. Una actriz suplente también usó un vestido sepia. Cuando la cámara mostró Oz, la Dorothy "verdadera" estaba a todo color. El contraste hizo que Oz se viera fantástico.

1964

El increíble
Sr. Limpet

ARGUMENTO: El tímido y extraño Henry Limpet se entera de que no es apto para unirse a la Marina. Sus sueños se desmoronan. Henry desea convertirse en un pez. ¡Su deseo se hace realidad cuando cae de un muelle y se convierte en pez! A Henry le gusta su nueva vida e incluso presta servicio a la Marina de una manera especial.

El increíble Sr. Limpet fue protagonizada por Don Knotts como Henry Limpet. Los espectadores vieron a Knotts solo los primeros 20 minutos. Después de que Henry se convirtió en pez, se oía a Knotts pero no se lo veía. Los animadores hicieron que Henry el pez se viera como Henry el humano. Sus labios, ojos, anteojos y expresiones faciales eran iguales.

Los artistas animaron la caricatura de Henry y a otras criaturas submarinas dibujadas. Pintaron

Aquí, Henry habla con personal de la Marina a través de un instrumento adherido a la parte inferior del barco. El instrumento generalmente se usa para escuchar a los submarinos.

El Henry animado habla con su amigo real George en esta escena. Henry se ve verde cuando sale del agua.

imágenes cuadro por cuadro en un material transparente llamado celuloide. Colocaron cada imagen sobre un fondo pintado. Luego fotografiaron la serie. Cuando la reprodujeron, parecía que los dibujos se movían. Una película es una serie de imágenes cuadro por cuadro. Los cuadros pasan rápidamente por la pantalla y nuestro cerebro mezcla las imágenes. Esto crea una **ilusión óptica** o algo que parece diferente de lo que es en realidad. En las películas, la ilusión óptica es movimiento continuo.

El increíble Sr. Limpet mezclaba acción en vivo con animación. Cuando Henry emergía y hablaba con sus amigos humanos, la película mostraba a ambos al mismo tiempo. La película ofrecía humor, fantasía, romance y suspenso.

5

1971
Willy Wonka
y la fábrica de chocolate

ARGUMENTO: El dueño de una fábrica de chocolate esconde boletos dorados en cinco barras de chocolate. Quienes compren las barras que contienen los boletos pueden visitar la fábrica. Charlie, que es muy pobre, encuentra una moneda. Compra dos barras de chocolate y una de ellas contiene un boleto dorado. Visita la fábrica junto con su padre. Sus vidas cambian para siempre.

"Dentro de esta sala, todos mis sueños se hacen realidad. Y algunas de mis realidades se vuelven sueños". Willy Wonka dijo esto justo antes de mostrar la Sala del Chocolate, la parte más mágica de su fábrica de chocolate.

La Sala del Chocolate que se preparó para esta película era un dulce sueño. ¡Muchos accesorios tenían materiales comestibles! Se vertió mezcla de helado de chocolate en agua para hacer un río de chocolate que llegaba hasta las rodillas y una cascada. Hongos gigantes se llenaron con crema de

En la película, los actores se maravillaron cuando entraron a la Sala del Chocolate. Su alegría era real. ¡Era la primera vez que la veían en verdad!

leche. Los chupetines gigantes eran de verdad, y la taza de té de Willy Wonka estaba hecha de algodón de azúcar. Sin embargo, los accesorios comestibles supusieron desafíos especiales. El río de chocolate desarrolló un hedor agrio. Se necesitaban sustancias químicas especiales para solucionar eso. La cascada producía espuma y volvía al río blanco, por lo tanto, ¡el personal agregó champú antiespuma!

1982
E.T.
el extraterrestre

Carlo Rambaldi pasó unas 5,000 horas creando los modelos de E.T.

ARGUMENTO: Elliot encuentra pistas de un intruso en su cobertizo. Usa un sendero de dulces para tentar al intruso a que lo visite. El intruso es un extraterrestre cuya nave espacial abandonó la Tierra. Elliot le pone el nombre E.T. al extraterrestre y desarrollan un vínculo especial. Trabajan para que E.T. regrese a su casa.

Steven Spielberg contrató al artista de efectos especiales Carlo Rambaldi para que diseñara un extraterrestre para su película.

Elliot usaba maquillaje de Halloween y disfrazaba a E.T. para ayudarlo a que no lo vieran. Aquí observan la nave espacial que viene a buscar a E.T.

Spielberg pidió algo que "solo una madre pudiera amar". Rambaldi creó una criatura gordita con ojos saltones y piel gris arrugada. Los espectadores se enamoraron de la voz áspera, las expresiones faciales dulces y la punta del dedo brillante de E.T.

Rambaldi construyó tres modelos de E.T. con cuatro cabezas intercambiables. Un modelo era un traje que usaban actores en tomas de cuerpo completo. Los otros eran animatrónicas o títeres robóticos. Sus controles guiaban los 150 movimientos de E.T. Los movimientos de E.T. variaban de levantar un dedo a arrugar su nariz y guiñar los ojos. Titiriteros que estaban detrás de las cámaras controlaban estos movimientos. Un mimo actuaba las escenas en las que la cámara se acercaba a las manos de E.T.

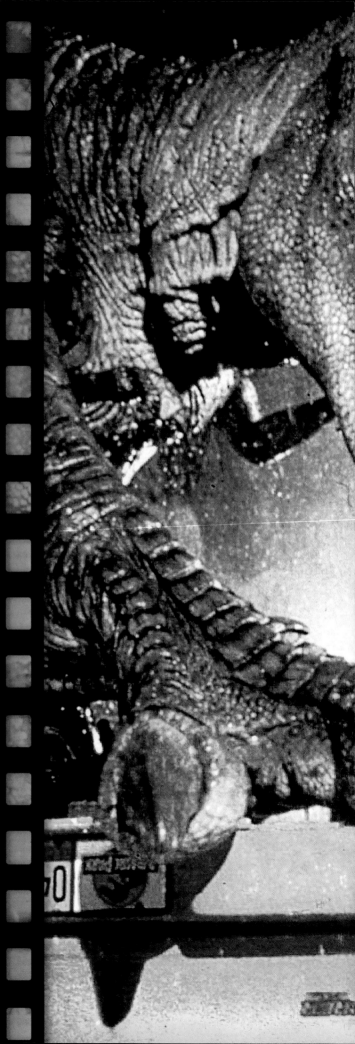

1993
Parque jurásico

ARGUMENTO: Unos científicos de un parque temático han devuelto a la vida a los dinosaurios. Un empleado roba su secreto para desarrollar dinosaurios. Luego apaga las cercas eléctricas que mantienen a los dinosaurios bajo control. El *Tiranosaurio rex* y los *Velociraptores* comienzan a cazarse unos a otros. . . y a las personas.

¿Qué sonidos producen los dinosaurios? ¡Buena pregunta! Los dinosaurios no han estado en la Tierra desde hace unos 65 millones de años. Por lo tanto, los diseñadores de sonido de Parque jurásico crearon ruidos de dinosaurios sin saber cómo sonaban los dinosaurios. Presentaron un conjunto de resoplidos, chillidos y rugidos.

El equipo mezcló sonidos de morsas, delfines y focas para crear los gritos del *Velociraptor*. Para el rugido del *Tiranosaurio rex* combinaron sonidos de león, tigre, caimán y cría de elefante.

Resoplidos de respiradero de ballena y gruñidos de koala produjeron la respiración pesada del *Tiranosaurio rex*. Grabaciones mezcladas de monos aulladores, serpientes de cascabel, halcones y cisnes produjeron el llamado del *Dilofosaurio*.

El sonido es una forma de energía que viaja en ondas. *Parque jurásico* fue la primera película que presentó un sistema de sonido envolvente llamado DTS Digital Sound™. El sonido salía de unos parlantes que rodeaban la sala de cine. Unos parlantes especiales **amplificaban** la energía de los sonidos graves, como los pasos de los dinosaurios, para hacer que fueran más fuertes. Por lo tanto, los espectadores oían y sentían la energía de los sonidos de los dinosaurios.

Parque jurásico ganó premios de la academia por mejor sonido y mejores efectos de sonido.

2001-03

El Señor de los Anillos

ARGUMENTO: Un hobbit, que se parece a un ser humano pequeño con pies grandes, encuentra un anillo dorado con poderes especiales. El anillo convierte al hobbit en una criatura extraña conocida como Gollum que vive una vida inusualmente larga. Gollum pierde el anillo. Otro hobbit encuentra el anillo y conoce sus increíbles poderes. Se percata del peligro de conservarlo y lo entrega a otros, quienes emprenden un viaje para destruirlo.

Las películas de *El Señor de los Anillos* estaban basadas en novelas del mismo título. Se veían enormes escenas de batallas con miles de personajes. ¡Solo unos cuantos eran reales! La mayoría eran personajes o agentes de imágenes generadas por computadora (CGI, por sus siglas en inglés).

¡Estos agentes podían reaccionar sin orientación durante las batallas! Caminaban, corrían, giraban y combatían a otros agentes. Con el uso de capacidades preprogramadas, los agentes podían reaccionar a la acción, por lo tanto, parecían reales.

Enormes escenas de batallas incluían muy pocos actores reales. La mayoría de los soldados eran generados por computadoras.

En *El Señor de los Anillos* también aparecía una criatura de CGI llamada Gollum. Generalmente, los actores simulan que un personaje de CGI está en una escena cuando actúan. Las computadoras agregan al personaje más tarde. Pero el director contrató a Andy Serkis para que realizara las escenas de Gollum y que fueran más creíbles. Serkis repitió cada escena en un estudio mientras que las cámaras registraban sus movimientos. Una computadora construyó luego un gemelo en CGI que copiaba los movimientos de Serkis. Los animadores agregaban detalles y situaban al Gollum de CGI sobre la imagen de Serkis en cada escena.

‹ El Gollum de CGI suena y actúa bastante parecido a Andy Serkis.

2011
Hugo

ARGUMENTO: Después de que su padre fallece, Hugo se esconde en una estación de tren. Sale inadvertidamente para robar comida y piezas para reconstruir un hombre mecánico que su padre quería arreglar. Se hace amigo de Isabelle, la ahijada del dueño de una juguetería llamado Georges. Los amigos logran hallar la conexión entre los secretos sobre el hombre mecánico y la verdadera identidad de Georges.

Hugo tenía más de 800 tomas con efectos visuales. En la mayoría se usaba la técnica de la "pantalla verde". Los actores y los objetos se filmaban contra un telón verde. Todo lo que fuera verde en la película luego se reemplazaba con imágenes generadas por computadora (CGI, por sus siglas en inglés).

Unos trucos cinematográficos tradicionales creaban algunos efectos. El director Martin Scorsese quería homenajear a los cineastas pioneros, incluido Georges Méliès, que aparecía en la película. Scorsese usó animación cuadro por cuadro para animar un ratón

El paisaje urbano de París detrás de Hugo es un efecto de CGI.

de juguete. Capturó cientos de cuadros, ajustando la posición del ratón un poco cada vez. El ratón parecía moverse cuando los cuadros se reproducían a una velocidad normal.

La mezcla de lo nuevo y lo viejo rindió frutos para Scorsese. *Hugo* ganó un Premio de la Academia por mejores efectos visuales.

Compruébalo ¿Cuáles son algunas técnicas de cinematografía que cambiaron con el tiempo? ¿Cuáles son algunas que no han cambiado?

Lee para descubrir cómo las películas obtienen sus sonidos especiales.

EFECTOS de sonido

por Kathleen F. Lally

EL JINETE CHASQUEA LAS RIENDAS Y GRITA: "¡MUÉVETE!". EL PASO PESADO DE LOS CASCOS DE LOS CABALLOS SE ACELERA. ¡LOS ESPECTADORES ALIENTAN!

Se usan muchos sonidos en una película, pero el único sonido que se graba durante la filmación son los diálogos. El resto se agrega después de que se termina de filmar.

El sonido es una forma de energía que viaja en ondas. Los ingenieros usan la **acústica** para construir estudios de sonido para películas. La acústica está relacionada con cómo se produce el sonido, cómo viaja y cómo se oye.

Unos artistas suelen usar una técnica llamada Foley para crear sonidos. Trabajan en salas con accesorios como pisos con diferentes superficies y agujeros con arena o gravilla. Los artistas miran películas y usan objetos o superficies para producir los sonidos de cada escena.

Para la película *Seabiscuit*, los artistas de efectos de sonido crearon el sonido de cascos golpeando pistones llenos de trapos viejos o pilas de tierra. Chasquear cinturones de cuero suena como chasquear las riendas. Un micrófono cerca de los artistas de efectos de sonido **amplifica** el sonido y lo envía a una grabadora.

Los artistas de efectos de sonido caminan, saltan, mueven accesorios, frotan o rompen objetos para producir sonidos. El momento en que ocurren sus acciones debe coincidir perfectamente con las de la película. Con frecuencia, usan objetos que son muy diferentes de los objetos que parece que producen los sonidos en la película. Observa estos sonidos y los efectos de sonido que pueden haberlos producido.

Los artistas de los efectos de sonido le deben mucho a Jack Foley. Este técnico de sonido creó efectos de sonido para los Estudios Universal por más de 30 años. Agregar efectos de sonido en postproducción fue su idea. Imitaba los pasos de los actores. Con un bastón, ¡podía hacer los pasos de dos personas a la vez! Recreaba las escenas para que los sonidos se produjeran en el momento exacto. Aunque Jack Foley murió en 1967, su arte perdura.

Para *El caballo de agua*, los artistas de efectos de sonido pueden haber creado los sonidos del chisporroteo de una chimenea llameante...

¡CRAC!

...al hacer crujir los envoltorios de celofán de los caramelos.

En *Paulie*, los artistas de efectos de sonido pueden haber creado los sonidos del aleteo de las alas de las aves…

En *El Hobbit: Un viaje inesperado*, los artistas de efectos de sonido pueden haber creado el sonido de pies que aplastan hierba seca y ramitas…

¡FLAP!

¡CRUNCH!

…al aplaudir con un par de guantes de cuero.

…al "caminar" con los dedos a través de un tazón de arroz crudo.

Compruébalo   ¿Cuáles son algunas maneras en las que los artistas de efectos de sonido crean los efectos de sonido?

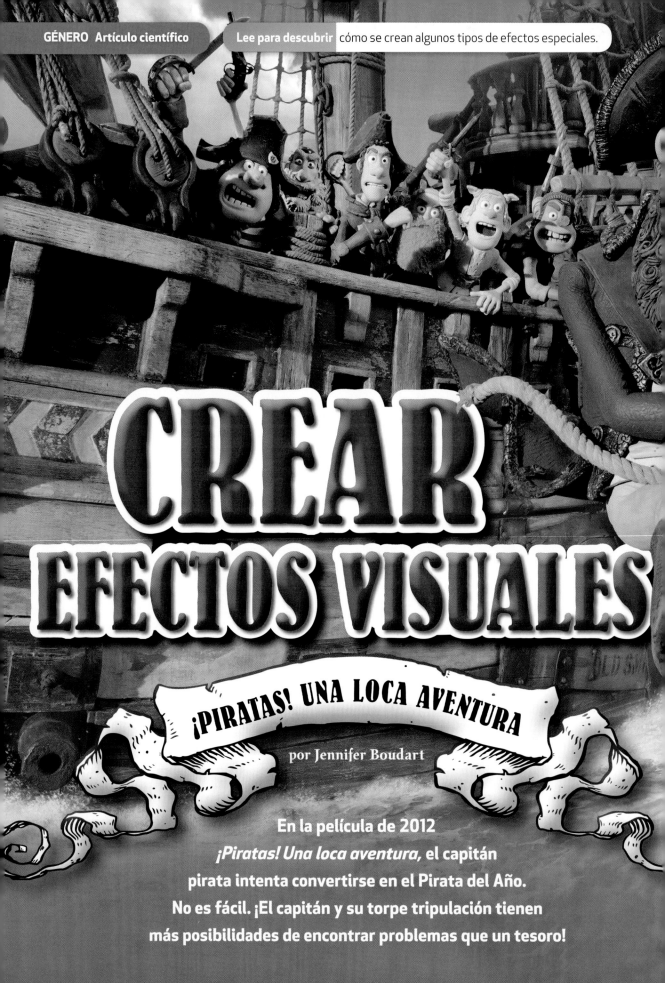

CREAR EFECTOS VISUALES

¡PIRATAS! UNA LOCA AVENTURA

por Jennifer Boudart

En la película de 2012
¡Piratas! Una loca aventura, el capitán
pirata intenta convertirse en el Pirata del Año.
No es fácil. ¡El capitán y su torpe tripulación tienen
más posibilidades de encontrar problemas que un tesoro!

La película es animada, pero sus personajes en realidad son títeres tridimensionales. Un método tradicional de animación de plastilina les da vida. Este es un tipo de animación cuadro por cuadro. Los títeres están hechos de plastilina. Se los pone en pose y se los fotografía de una manera que produce una **ilusión óptica** o algo que parece diferente de lo que es en realidad. Aquí, la ilusión óptica es la del movimiento continuo.

CREACIÓN DE LOS TÍTERES

La película tiene más de 60 personajes. Se hicieron numerosos títeres móviles de cada personaje. Se produjeron en partes, como ropa, torsos, cabezas, bocas, manos, cabello y cejas. Los escultores hicieron ciertas partes con plastilina. Con máquinas moldearon otras partes de silicona, espuma de látex o metal. Las partes se podían mezclar y unir para crear diferentes poses o expresiones faciales. ¡Se hicieron cerca de 1,300 formas de bocas solo para el Capitán! ¿Por qué tantas? Continúa leyendo para descubrirlo.

MOVER LOS TÍTERES

Los animadores de cuadro por cuadro colocan un modelo móvil en una posición inicial. Lo fotografían en un solo cuadro de película. Luego los animadores ajustan la pose del modelo ligeramente. Quizá mueven un dedo o un labio, o levantan una ceja. Luego fotografían el modelo con la nueva pose en el siguiente cuadro. Los animadores continúan ajustando y fotografiando el modelo cuadro por cuadro. Cuando se reproduce la película en 24 cuadros por segundo, estas imágenes se mezclan en una ilusión óptica. El modelo parece moverse, pero en realidad está **estático.** Carece de movimiento.

En *¡Piratas! Una loca aventura*, los animadores ahorraron tiempo al cambiar la boca, las cejas y otras partes en lugar de hacerles dobleces entre cada cuadro. Aún así, fue un trabajo meticuloso, especialmente en las escenas con grupos de personajes. Completar una escena de 90 segundos tomó tres meses. Aunque el equipo pudo trabajar hasta en 41 escenas a la vez, la película de 88 minutos tomó 18 meses de filmación.

Un animador hace un pequeño ajuste a la pose del capitán pirata.

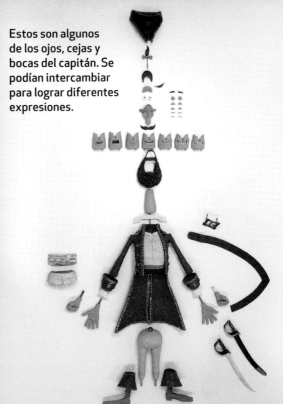

Estos son algunos de los ojos, cejas y bocas del capitán. Se podían intercambiar para lograr diferentes expresiones.

En la película trabajó un equipo de 33 animadores.

Los personajes también necesitaban un mundo para vivir. En la historia había playas, ciudades, escenarios de teatro y el barco. Diseñadores de escenarios construyeron decorados y accesorios con una asombrosa atención a los detalles. Los escenarios debían tener un buen aspecto y también permitir a los animadores el acceso a los títeres. Los diseñadores construyeron un barco pirata que medía unos 5 metros (15 pies) de largo y 6 metros (20 pies) de alto. Se colocaron motores eléctricos debajo del barco y entre sus mástiles y velas. Sus movimientos daban un sentido de olas mecedoras y vientos.

Ciertos efectos, como las olas que salpicaban, eran difíciles de crear con la animación cuadro por cuadro. Por lo tanto, las escenas se filmaron delante de una pantalla verde. El océano, el cielo y otros fondos se agregaron más tarde con imágenes generadas por computadora (CGI, por sus siglas en inglés). Pero la magia de la película no provenía de las computadoras. Provino de más de 300 personas que trabajaron en conjunto para que los espectadores se enamoraran de un elenco que en parte estaba hecho de plastilina.

¡El barco pesaba más de 350 kilogramos (770 libras)!

El director Peter Lord es conocido por sus películas de animación de plastilina.

La animación de plastilina también le dio vida al loro.

Compruébalo   ¿Cómo funciona la animación cuadro por cuadro?

IMAX®
AL
MÁXIMO

por Judy Elgin Jensen

Avatar trata sobre la lucha de un ex soldado por salvar a los nativos de la luna de Pandora. Personas de la Tierra quieren aprovechar los recursos de Pandora, lo que amenaza a sus habitantes. Esta película de 2009 generó revuelo. Se pensó que su gran presupuesto y sus nuevos efectos especiales de imágenes generadas por computadora (CGI, por sus siglas en inglés), la convertirían en un éxito en taquilla.

El director de la película esperaba eso. Hacer la película había tomado más de diez años y se decía que había costado más que su presupuesto de $237,000,000. Requirió equipos y programas informáticos totalmente nuevos para crear los efectos necesarios que darían vida a la luna y a sus habitantes. ¡Más de 1850 personas trabajaron solo en los efectos visuales!

En *Avatar*, el pueblo na'vi vive en Pandora. Son altos y tienen ojos grandes, orejas puntiagudas y piel azul. Un profesor universitario creó un idioma na'vi para la película.

27

La actriz Sigourney Weaver interpretó a una científica. Su personaje también tenía un avatar, aquí a la derecha, que hacía que pareciera una na'vi.

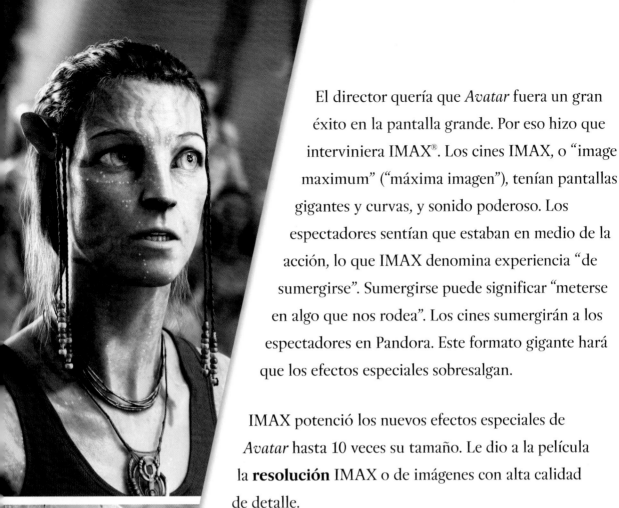

El director quería que *Avatar* fuera un gran éxito en la pantalla grande. Por eso hizo que interviniera IMAX®. Los cines IMAX, o "image maximum" ("máxima imagen"), tenían pantallas gigantes y curvas, y sonido poderoso. Los espectadores sentían que estaban en medio de la acción, lo que IMAX denomina experiencia "de sumergirse". Sumergirse puede significar "meterse en algo que nos rodea". Los cines sumergirán a los espectadores en Pandora. Este formato gigante hará que los efectos especiales sobresalgan.

IMAX potenció los nuevos efectos especiales de *Avatar* hasta 10 veces su tamaño. Le dio a la película la **resolución** IMAX o de imágenes con alta calidad de detalle.

La acción de *Avatar* era 40 por ciento en vivo y 60 por ciento CGI. Se filmó a los actores usando trajes de captura de movimiento con cámaras montadas delante de su rostro. Esto ayudó a las computadoras a crear copias CGI exactas de los actores, para que sus expresiones se vieran realistas. Al cuerpo de los actores en CGI se agregaron características na'vi especiales, como orejas puntiagudas, una cola y piel azul.

Actores que usaban trajes especiales se subieron a máquinas que se movían mientras los filmaban. Sus personajes CGI realizaban los mismos movimientos mientras montaban los banshees voladores CGI.

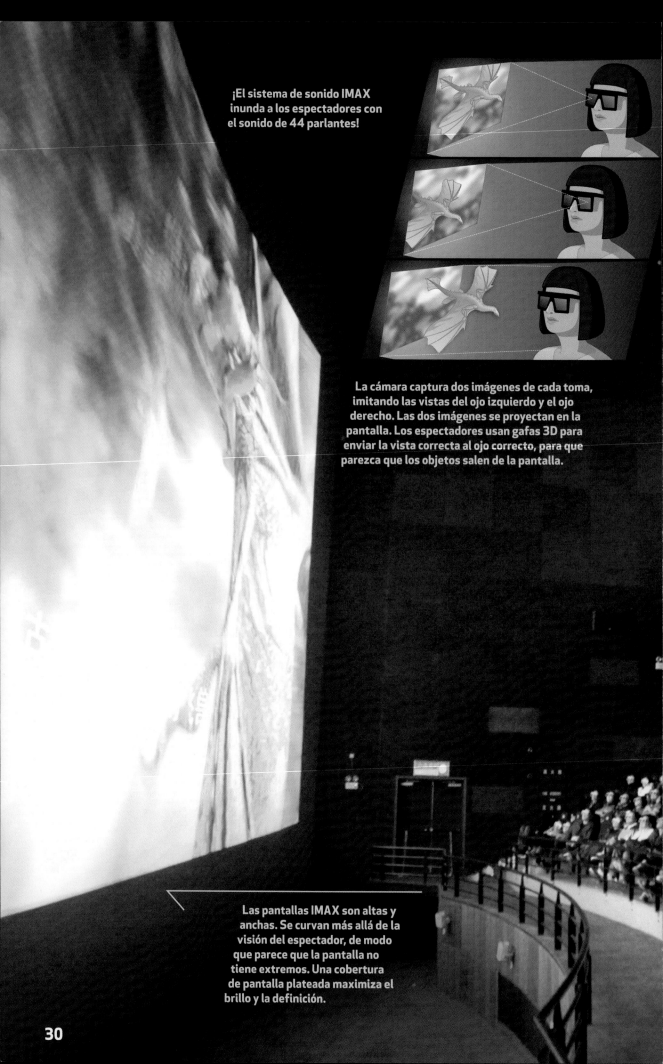

¡El sistema de sonido IMAX inunda a los espectadores con el sonido de 44 parlantes!

La cámara captura dos imágenes de cada toma, imitando las vistas del ojo izquierdo y el ojo derecho. Las dos imágenes se proyectan en la pantalla. Los espectadores usan gafas 3D para enviar la vista correcta al ojo correcto, para que parezca que los objetos salen de la pantalla.

Las pantallas IMAX son altas y anchas. Se curvan más allá de la visión del espectador, de modo que parece que la pantalla no tiene extremos. Una cobertura de pantalla plateada maximiza el brillo y la definición.

Las butacas están en un ángulo inclinado, de modo que todos los espectadores están cerca y directamente enfrente de la pantalla.

Compruébalo   ¿Cuáles son algunas características de la tecnología IMAX que hacen que sea un buen formato apto la película *Avatar*?

Comenta

1. ¿Cómo te ayudó la información de "Películas de fantasía" a comprender las otras tres lecturas del libro?

2. ¿Cuáles fueron algunas de las causas de los sonidos de "Efectos de sonido"? Inventa otros dos efectos de sonido.

3. ¿En qué se parecían y en qué se diferenciaban las ilusiones ópticas creadas en "Películas de fantasía" y "Crear efectos visuales"?

4. Piensa en tu película favorita. ¿Qué aprendiste en este libro que puede ayudar a explicar cómo se hizo tu película favorita?

5. ¿Qué te sigues preguntando sobre cómo se filman las películas? ¿Cuáles serían algunas buenas maneras de hallar más información?